Inhaltsverzeichnis

D M S O
Das alternative Heilmittel der Moderne

Gesundheit steigern, Schmerzen lindern und Krankheiten effektiv bekämpfen mit der Kraft der Natur

Patrick Winter

Vorwort

Guten Tag,

danke, dass Sie sich für den Kauf dieses Buches entschieden haben. Wie Sie bereits wissen, geht es in diesem Buch um das Thema DMSO. Diese Abkürzung steht für den Stoff Dimethylsulfoxid. Bei Dimethylsulfoxid handelt es sich um ein Lösungsmittel, welches im chemischen Bereich, also vor allem in Laboren, häufig genutzt wird. So zählt Dimethylsulfoxid beispielsweise zu den Stoffen, welche sowohl fett- als auch wasserlöslich sind. Die Eigenschaften von Dimethylsulfoxid als Lösungsmittel sind auch für die Anwendung dieses Stoffes im Bereich der Medizin sehr wichtig.

In diesem Buch werden Sie viele verschiedene Dinge über DMSO erfahren. Zuerst werde ich Ihnen in einer kleinen Einführung die Geschichte von DMSO erzählen. Danach wird es darum gehen, wie DMSO wirkt. Im Weiteren gehe ich mit ihnen der Frage nach, wieso DMSO eigentlich so unbekannt ist und welche Argumente es gegen die Verwendung von DMSO gibt. Im nächsten Schritt wird es um die genaue Wirkung von

DMSO gehen und bei welchen Beschwerden dieses Mittel hilft. Zuletzt geht es dann noch um die Nebenwirkungen, welche eine Einnahme von DMSO haben kann, sowie um die Frage, wie Sie DMSO eigentlich genau anwenden sollen.

Alle diese Informationen sollen dazu führen, dass Sie sich letztendlich mit DMSO auskennen werden und bereit sein werden, DMSO richtig anzuwenden und aus diesem Mittel Vorteile für Ihre Gesundheit zu ziehen.

Was ist DMSO eigentlich?

Nun sind wir also beim ersten Kapitel angelangt. Beginnen möchte ich dieses Kapitel mit der Geschichte von DMSO. Entdeckt wurde dieser Stoff im Jahr 1866 vom russischen Wissenschaftler Alexander Saytzeff. Anfangs fand er noch recht wenig Beachtung, wobei seine fett- und wasserlöslichen Eigenschaften schon damals bekannt waren. Sie fanden auch bereits Beachtung hinsichtlich der Verwendung im chemischen Kontext, gerade in Laboren. Festgestellt wurde auch damals schon der etwas merkwürdige Geruch der Flüssigkeit, welche an Knoblauch erinnerte. Aber erst im Jahr 1961, also fast einhundert Jahre nach der Entdeckung dieses Stoffes, entdeckte man auch die für die Medizin wertvollen Eigenschaften dieses Mittels. Hierbei geht es darum, dass DMSO aufgrund seiner lösenden Eigenschaften sehr schnell und einfach in die Haut eindringt. Dr. Stanley Jacob von der Oregon Health Sciences University entdeckte diese Eigenschaft von DMSO, wobei er eigentlich auf der Suche nach einem Stoff war, welcher sich für die Konservierung von Organen eignet, die zur Transplantation vorgesehen waren. Mit dem Dimethylsulfoxid fand er einen Stoff, welcher hierzu geeignet war. Denn ihm fiel auf, dass die Lösungen, welche DMSO enthielten, eine gute Wirkung erzielten. Somit kann man DMSO unter anderem für diesen Zweck verwenden, für die Konservierung von zur Transplantation vorhergesehenen Organen. Die anderen vielfältigen Eigenschaften vom DMSO wurden erst mit der Zeit entdeckt und finden seitdem in vielen Bereichen Verwendung. Wobei es auch heute noch so ist, dass DMSO in der herkömmlichen Medizin fast nur als Lösungsmittel eingesetzt wird. Der Grund hierfür ist eigentlich relativ einfach, und zugleich auch ziemlich traurig. Leider gilt er auch noch für viele andere Medikamente. DMSO ist in seiner Herstellung nicht gerade teuer und auch ein Patent lässt sich auf dieses Mittel nicht eintragen. Aus diesem Grund ist DMSO auch für die Pharmaindustrie alles andere als interessant. Ganz im Gegenteil: Wenn man bestimmte Krankheiten häufiger mit DMSO heilen würde als mit anderen Medikamenten, würde die Pharmaindustrie diese teuren Produkte nicht mehr loswerden. Im Ergebnis hätte die Pharmaindustrie durch eine größere Bekanntheit von DMSO also einen großen finanziellen Verlust. Also wird DMSO nicht richtig genutzt und auch nicht so weit erforscht, wie es eigentlich der Fall sein könnte. Viele

Wirkungen von DMSO wurden eventuell noch gar nicht entdeckt, einfach weil es keine wissenschaftlichen Forschungen und Studien gibt, welche diese Wirkungen herausfinden könnten. Aber trotzdem ist es so, dass DMSO schon in der Vergangenheit, aber gerade auch in der jüngeren Vergangenheit, deutlich an Beliebtheit gewonnen hat. Dies liegt unter anderem daran, dass allgemein die Skepsis gegenüber der Pharmaindustrie zugenommen hat. Viele Menschen vertrauen der herkömmlichen Medizin einfach nicht mehr so wirklich, und hierfür bietet diese ja auch mehr als nur genug Gründe. Gerade den genannten Grund, dass Profit häufig höhergestellt wird als die Gesundheit der zu behandelnden Menschen. Dementsprechend kommt auch DMSO als Heilmittel, welches in der herkömmlichen Medizin eher seltener verwendet wird, immer mehr in das Blickfeld der Menschen. Davon abgesehen kommen aber auch immer mehr die Erfahrungen von Menschen ins Rampenlicht, welche bereits positive Folgen nach einer Anwendung von DMSO gehabt haben. Eines der bekanntesten Beispiele hierfür ist die Entdeckung von Dr. Stanley Jacob, einem amerikanischen Arzt.

Bei der Behandlung von sieben Menschen, welche unter starken Schmerzen und großen Einschränkungen in der Beweglichkeit ihrer Schultern und somit auch Armen litten, hatte er gut Erfolg mit DMSO. Hierfür rieb er sie einfach mit diesem Mittel ein. Bereits nach einer sehr kurzen Zeit von nur 20 Minuten zeigten sich merkliche Verbesserungen hinsichtlich der Beschwerden, welche die Patienten hatten. Sie konnten ihre Arme und Schultern wieder relativ normal bewegen, und Schmerzen hatten sie hierbei keine mehr. Keine andere Medizin wäre in der Lage gewesen, diese Beschwerden so schnell zu heilen. Normalerweise hätte es etwa zwei Wochen gedauert, bis es bei einer herkömmlichen Behandlung dieser Probleme zu einer Verbesserung gekommen wäre. Dementsprechend ist es schon sehr erstaunlich, dass bereits nach einer so kurzen Zeit, von nur 20 Minuten, eine sehr positive Wirkung eingetreten ist. Das Wort „Wundermittel" erscheint in dieser Hinsicht gar nicht mal so ungewöhnlich.

Wie DMSO wirkt

Wie wirkt DMSO nun? Die Tatsache, dass sich DMSO sehr gut als Lösungsmittel eignet, führt auch dazu, dass es sehr leicht in die Haut eindringt. Und hier sowohl in Fett als auch in Wasser eindringen kann. Dies sorgt auch für die wichtige Wirkung von DMSO, welche auch in der herkömmlichen Medizin schon genutzt wird: Stoffe lassen sich wesentlich schneller in den Körper bringen und auf diese Art bei einer Behandlung auf der Haut wesentlich schneller ihre Wirkung entfalten. Zugleich ist es auch noch so, dass Wirkstoffe ihre Wirkung zum Teil nur durch DMSO entfalten können. Denn wenn sie auch in Bereichen des Körpers wirken sollen, welche aus Fett bestehen, könnten sie dies im Normalfall überhaupt nicht tun, weil sie sich nicht in Fett lösen lassen. Anders sieht es dann aus, wenn man sie mit DMSO mischt. Der Stoff wird dann auch in Fettzellen transportiert, wodurch eben diese Stoffe auch ihre Wirkung in Bereichen des Körpers entfalten können, wo dies sonst nicht möglich wäre. Diese Tatsache sorgt auch noch für eine weitere positive Sache: Man muss Medikamente nicht mehr so hoch dosieren, wenn sie durch das DMSO besser und schneller in den Körper gelangen. Durch die geringe Dosierung ist die Wahrscheinlichkeit für Nebenwirkungen wesentlich geringer. Außerdem kann man natürlich stattdessen auch die Medikamente in der gleichen Dosierung verwenden, wobei die Nebenwirkungen gleichbleiben, die Wirkung sich aber deutlich erhöht. Ein sehr gutes Beispiel hierfür ist Cortison. Dieses Medikament ist ziemlich gut wirksam auf der Haut, aber zugleich auch wirklich mit Vorsicht zu genießen, denn wenn man es in zu großen Mengen anwendet kann es zu großen Schäden führen. Wenn man nun aber DMSO in Verbindung mit Cortison einsetzt, kann man eine wesentlich höhere Wirkung des Cortisons erzielen und muss nicht mehr so viel von diesem Medikament mit starken Nebenwirkungen verwenden.

Soweit also zu der Anwendung von DMSO, welche in der herkömmlichen oder auch modernen Medizin praktiziert wird. In Cremes ist DMSO übrigens auch sehr oft enthalten, da auch hier ein wesentlich schnelleres Eindringen der Wirkstoffe dieser Cremes in den Körper erreicht werden kann. Diese Anwendungen von DMSO sind sicherlich gut und haben einen großen Nutzen. Aber auch mit ihnen bleibt man recht weit von dem weg, was DMSO eigentlich wirklich zu leisten vermag. Das ist nämlich eine ganze Menge mehr. Eine weitere positive Eigenschaft von DMSO ist die Tatsache, dass DMSO freie Radikale unschädlich macht. Er verbindet sich mit diesen und wandelt sie in Stoffe um, welche dann durch die Nieren unschädlich gemacht und ausgeschieden werden können. Somit sind diese freien Radikalen aus dem Blut heraus. Freie Radikale sind übrigens in vielen Fällen relativ gefährlich. Beispielsweise gibt es eine sogenannte Blut-Gehirn-Schranke, welche unbedingt vom Körper aufrechterhalten werden muss. Durch diese werden nämlich die freien Radikale vom Gehirn ferngehalten, welches sehr empfindlich ist und wo sie großen Schaden anrichten können. Bei Demenz ist es beispielsweise so, dass die Gedächtniszellen durch die freien Radikale angegriffen werden, weil die Blut-Gehirn-Schranke beschädigt ist und ihre Aufgabe nicht mehr richtig erfüllen kann. Dementsprechend hat man hier schon einmal eine Wirkung des DMSO gefunden, welche sehr positiv ist. Auch für das Immunsystem kann DMSO eine positive Wirkung haben. Unter anderem dadurch, dass es allergische Reaktionen verhindern kann, bei denen das Immunsystem auf einen eigentlich harmlosen Stoff reagiert, welchen es für gefährlich hält.

Das Immunsystem wird durch die allergischen Reaktionen beispielsweise geschwächt, weil es mit der Abwehr dieser harmlosen Stoffe beschäftigt ist, und sich dementsprechend weniger um die Abwehr von wirklich gefährlichen Stoffen kümmern kann. Bei Bakterien ist es so, dass diese erst dann wirklich gefährlich werden, wenn sie sich gut vermehren können. In geringer Zahl sind Bakterien nämlich harmlos, die Menge macht bei diesen das Problem. Wenn man also dafür sorgt, dass die Bakterien in ihrem Wachstum gehemmt werden, dann werden sie vermutlich auch nicht zu einem größeren Problem. Und eben diese Eigenschaft besitzt DMSO ebenfalls. Bakterien können durch DMSO in ihrer Vermehrung behindert werden, ein weiterer medizinischer Nutzen von DMSO abgesehen von den Eigenschaften von DMSO als Lösungsmittel.

Auch auf die Muskulatur hat DMSO eine positive Wirkung. Diese wird durch die Anwendung von DMSO entspannt. Neben den bereits genannten Wirkungen von DMSO gibt es auch noch weitere. Doch diese möchte ich jetzt nicht alle aufzählen.

Dies hat den ganz einfachen Grund, dass es in diesem Buch noch ein Kapitel für Sie geben wird, in dem es ganz konkret um bestimmte Krankheiten und die Anwendung von DMSO gegen sie geht. Da es hier eine thematische Überschneidung gibt, erfahren Sie die weiteren Informationen zur Wirkung von DMSO später auch noch. An dieser Stelle möchte ich allerdings noch eine Sache sagen: DMSO ist, auch wenn dies von Zeit zu Zeit behauptet wird, nicht wirklich schädlich. Ganz im Gegenteil: DMSO ist viel sicherer als manche anderen Medikamente. Beispielsweise ist einer der großen Verkaufsschlager der Pharmaindustrie Aspirin. Dieses Mittel ist zwar sehr gut gegen Kopfschmerzen geeignet, sorgt aber leider auch dafür, dass das Blut dünnflüssiger wird. Dies kann nicht nur bei einem Unfall gefährlich sein, da man wesentlich schneller zu verbluten droht, als dies sonst der Fall wäre. Durch die Einnahme von Aspirin und anderen blutverdünnenden Medikamenten kann es auch zu Blutungen im Inneren des Körpers kommen, welche schnell sehr gefährlich werden. Somit geht man ein sehr hohes Risiko ein, wenn man bedenkt, dass man nur seine Kopfschmerzen loswerden möchte. Ich persönlich würde lieber Kopfschmerzen haben, als mich einem gerade auf Dauer so großen Risiko auszusetzen.

Argumente gegen DMSO

DMSO ist ein Medikament, welches nur ein geringes Ansehen genießt. Seine vielfältigen Wirkungen werden in den meisten Fällen verschwiegen und die meisten Menschen wissen überhaupt nicht, dass es DMSO gibt. Den wichtigsten Grund hierfür habe ich bereits genannt: Wie auch bei anderen Medikamenten ist es leider auch bei DMSO so, dass man an dem Mittel kein Geld mehr verdienen kann. Beziehungsweise nicht gerade viel, und die Pharmaindustrie würde gleichzeitig weniger teure Medikamente verkaufen, womit sie letztendlich ein Minusgeschäft machen würde. Gleichzeitig werden aber auch noch viele andere Gründe dafür genannt, dass man DMSO besser nicht anwenden sollte. Ein Grund hierfür ist gerade die Tatsache, dass viele Menschen DMSO einsetzen, ohne sich wirklich Gedanken über das Medikament zu machen. Dies stimmt leider auch in manchen Fällen. Denn man muss auch vorsichtig mit DMSO sein. Denn DMSO sorgt bei der Anwendung auf der Haut dafür, dass Substanzen schneller in die Haut eindringen können. Gerade bei Medikamenten oder anderen Stoffen, welche in die Haut eindringen sollen, um hier eine positive Wirkung zu haben, ist dies sehr sinnvoll. Aber auch andere Stoffe können durch DMSO schneller in den Körper gelangen. Gifte und andere schädliche Stoffe gelangen ebenfalls viel schneller in den Körper. Aus diesem Grund müssen Sie mit DMSO auf jeden Fall vorsichtig sein und sicher gehen, dass bei der Anwendung keine schädlichen Wirkungen entstehen. Sofern man aber vorsichtig ist und darauf achtet, ist DMSO auch nicht schädlich.

Vorsichtig müssen Sie auch dann sein, wenn Sie neben DMSO noch zusätzliche Medikamente verwenden. Denn diese Medikamente können eventuell eine sogenannte Kontraindikation darstellen, also eine unerwünschte Wirkung in Kombination mit diesem Medikament haben. Beispielsweise könnte die Wirkung eines Medikaments stark erhöht werden. Aus dieser Sicht gibt es also tatsächlich einen Grund, wieso die herkömmliche Medizin häufig gegen DMSO argumentiert: Es kann von unerfahrenen Anwendern tatsächlich zu weniger guten Folgen kommen. Dies ist allerdings auch bei allen anderen Medikamenten der herkömmlichen Medizin der Fall. Quasi jedes Medikament besitzt irgendeine negative Wirkung, welche in vielen Fällen auch zu großen Problemen führen kann.

Bei vielen Medikamenten ist auch gar nicht sicher, inwiefern sie zu Problemen führen. Auch wenn Nebenwirkungen nur bei wenigen Patienten vorkommen, ist es manchmal so, dass durch Medikamente der herkömmlichen Medizin schnell große Schäden angerichtet werden können.

Somit sind auch diese Medikamente mit einer großen Vorsicht zu genießen.

Lächerlich ist das ganze Argument übrigens noch aus einem weiteren Grund: Wenn man DMSO einfach mal mehr erforschen würde, könnte man die Risiken auch sehr genau abschätzen. Genauso ist es mit allen Medikamenten, welche von der „normalen" Medizin vertrieben werden. Diese haben auch große Nebenwirkungen und in vielen Fällen auch noch viel größere. Zwei weitere Argumente gegen die herkömmliche Medizin gibt es auch noch, welche zeigen, dass die herkömmliche Medizin alles andere als perfekt ist. Zum einen ist sie dafür bekannt, häufig mit Tauben auf Spatzen zu schießen, also bereits bei kleinen Beschwerden stärkere Medikamente einzusetzen. Einer der Gründe, weshalb Heilpraktiker großen Anklang finden. Denn sie setzen eher auf eine Methode, bei der die Beschwerden geheilt werden, ohne dass ein großer

Schaden dadurch angerichtet werden würde. Denn dies ist das Problem bei der herkömmlichen Medizin: Viele Nebenwirkungen würden sich einfach vermeiden lassen, indem man nicht gleich so übertreibt, wie dies leider häufig der Fall ist. Ein bisschen Vorsichtigkeit und bessere Dosierung von Medikamenten könnte bereits sehr viel bewirken und dafür sorgen, dass es wesentlich seltener schädliche Wirkungen durch Medikamente geben würde. Nicht falsch verstehen: Die positiven Effekte überwiegen im Normalfall. Aber die Nachteile könnte man halt noch senken, und manchmal sind die Nebenwirkungen auch wirklich heftig.

Hierbei muss man auch bedenken, dass das von der modernen Medizin häufig gering geschätzte DMSO eben hier auch helfen könnte. Denn durch die häufigere Verwendung von DMSO könnte man in vielen Fällen die Dosis an Medikamenten verringern, und auf diese Art auch dafür sorgen, dass nachteilige Wirkungen der Medikamente seltener vorkommen oder nicht so stark ausgeprägt sind. Bedenken muss man hierbei ja auch immer, dass es sich bei vielen Medikamenten tatsächlich um Gifte handelt.

Diese sind nur sehr niedrig dosiert, was dafür sorgt, dass sie nicht schädlich wirken, sondern eine positive Wirkung besitzen. Eine höhere Dosis kann dementsprechend schnell gefährlich werden. Die zweite der beiden genannten Kritikpunkte ist, dass die herkömmliche Medizin häufig nicht die Wurzel von Problemen behandelt. Hierbei ist gemeint, dass in den meisten Fällen nur an der Stelle behandelt wird, wo es ein Problem gibt. Wenn man beispielsweise Schmerzen in der Schulter hat, werden Medikamente verwendet, welche die Schulter von ihren Schmerzen befreien. Aber hierbei wird nicht nach dem genauen Grund der Beschwerden geschaut. Denn man muss den Körper immer als ein Ganzes sehen, bei dem alles irgendwie miteinander verbunden ist. Wenn man Schmerzen in der Schulter hat, kann dies genauso gut an einem Problem im Bein liegen, oder auch am Rücken. Der Schmerz muss nicht dort auftreten, wo das Problem seinen Ursprung hat. Dementsprechend ist dies auch ein sehr wichtiger Kritikpunkt an der herkömmlichen Medizin: Sie schaut oft nicht nach dem genauen Grund für bestimmte Beschwerden. Dies führt dazu, dass beispielsweise Probleme immer wieder auftreten, obwohl es sich eigentlich nur um ein Problem handelt, welches man auch sofort hätte beheben können.

Insgesamt kann man also sehen: Neben der Profitgier der Konzerne gibt es auch noch weitere Gründe, wegen denen die moderne Medizin nicht immer das Wahre ist. Ein Beispiel für die Kritik an DMSO durch die Pharmaindustrie ist, dass einige Menschen DMSO einnehmen würden, um Krebs zu heilen. An dieser Stelle sei erst einmal gesagt: Tatsächlich kann DMSO bei der Heilung von Krebs helfen. Aber es ist auch so, dass DMSO nicht immer förderlich ist. Denn natürlich ist es auch hier so, dass es zu einer Kontraindikation kommen kann. Wenn man Medikamente gegen eine Krebserkrankung bekommt, dann sind die Folgen von diesen Medikamenten, gerade bei einer Chemotherapie, nicht gerade schön. Um diese lebensbedrohliche Erkrankung zu heilen, muss man nun einmal zu ziemlich drastischen Mitteln greifen. Das Ziel bei einer Medikation gegen Krebs ist immer, dass die Krebszellen zerstört werden. Aber es ist zumeist nicht möglich, genau die Krebszellen zu attackieren und hierbei nicht auch andere, gesunde Zellen zu schädigen. Das führt dazu, dass es starke Nebenwirkungen bei der Behandlung von Krebs gibt. DMSO kann hier eine wesentlich sanftere Unterstützung bieten. Denn DMSO wirkt, gerade in Kombination mit weiteren Medikamenten, positiv auf die Funktion der Mitochondrien. Hierbei handelt es sich um die „Batterie" von Zellen. Der Körper besitzt gegen Krebs bereits einen Mechanismus, den Zellen können bei einer schädlichen Veränderung in einen programmierten Zelltod geschickt werden. Durch diesen kommt es bei den meisten Veränderungen auch nicht zu schlimmen Folgen. Bei einer Verwendung von DMSO, um die Mitochondrien in ihrer Funktion zu unterstützen, kommt es dazu, dass der programmierte Zelltod besser funktioniert. Somit kann eine positive Wirkung auf den Krebs, die Unterstützung der Heilung von Krebs oder sogar dessen Heilung durch DMSO erreicht werden.

Hierbei muss aber gesagt werden, dass es tatsächlich eher weniger ratsam ist, während einer Krebserkrankung mit DMSO zu experimentieren. Denn an dieser Stelle müsste man eigentlich beginnen, wesentlich mehr über die Wirkung von DMSO auf den Krebs zu forschen. Aber da es nicht genug Forschung über DMSO gibt, und erst recht nicht zu einem so komplexen und schwierigen Thema wie Krebserkrankungen, kann man derzeit Krebs nicht mit DMSO heilen. Es kann sein, DMSO als einen sehr wichtigen weiteren Teil in die Behandlung von Krebs mit einzubringen. Aber so lange die Pharmaindustrie so abwehrend gegenüber DMSO ist, wie dies derzeit der Fall ist, wird es nicht dazu kommen, dass Krebs mit DMSO behandelt wird. Selbst sollte man dies nicht tun, da dies Risiko für schlechte Folgen um einiges zu groß ist. Aber insgesamt kann man sagen, dass der Großteil der Argumente der Pharmaindustrie gegenüber DMSO eigentlich immer auf nur eine einzige Sache hinauslaufen: Schädliche Wirkungen durch die Tatsache, dass man ohne nachzudenken DMSO einsetzt. Aber wenn man dies nicht tut, dann gibt es eigentlich keine Argumente mehr, welche wirklich gegen DMSO sprechen. Nachteile gibt es immer, wie dies auch bei anderen Medikamenten der Fall ist, und dort meistens sogar in einem wesentlich größeren Maßstab. Außerdem gibt es in diesem Buch auch ein Kapitel, welches sich mit der Anwendung von DMSO im Konkreten beschäftigt. Somit fällt das mehr oder weniger einzige Argument, welches es gegen DMSO gibt, weg, wenn Sie sich an die Dinge halten, von denen ich Ihnen in diesem Buch noch berichten werde. Wenn Sie alles beachten, dann werden Sie auch keine schädlichen Wirkungen durch das DMSO zu befürchten haben. Vielmehr werden Sie von den positiven Wirkungen dieses Stoffes profitieren können.

Beschwerden, bei denen DMSO hilft

Nun kommen wir zu dem Kapitel, welches für Sie vermutlich das Interessanteste und vielleicht auch Wichtigste ist. Denn in diesem Kapitel wird es ganz konkret um verschiedene Krankheiten und Beschwerden gehen, welche mit DMSO behandelt werden können. Zuerst geht es hierbei sogar um Beschwerden, welche auch von der „normalen" Medizin anerkannt werden, und bei denen nicht abgestritten wird, dass sie mit DMSO gut zu behandeln sind. Bei Kraftsportlern wird DMSO besonders gerne verwendet. Diese ziehen sich nämlich mal schnell eine Verletzung zu, gerade dann, wenn sie sich überschätzen und eine Übung mal nicht so ausgeführt wird, wie gewünscht. Hier kommen dann die Wirkungen von DMSO zum Tragen. Zum einen wirkt DMSO schmerzlindernd. Wenn man es also auf die jeweilige verletzte Stelle aufträgt, hat man weniger Schmerzen, als dies sonst der Fall wäre. Hierbei gilt auch immer zu beachten, dass gerade bei einer Verletzung des Bewegungsapparates schmerzstillende Mittel sogar eine heilende Funktion haben. Denn tatsächlich ist es so, dass bei einer solchen Art der Verletzung die jeweilige Partie mit Beschwerden in einer Position gehalten wird, welche weniger

Schmerzen verspricht. Wenn Sie beispielsweise Beschwerden an der Schulter haben, dann werden Sie diese nicht mehr so bewegen, wie dies sonst der Fall wäre, ohne die Verletzung. Dies sorgt aber auch dafür, dass eine Heilung der Verletzung in einem hohen Maße erschwert wird. Denn eine merkwürdige Haltung der Partie führt ganz sicher nicht dazu, dass man keine Beschwerden mehr hat. Vielmehr sorgt sie für eine Verstärkung der Probleme oder dafür, dass sie nicht besser werden. Aber DMSO verspricht mit seiner schmerzstillenden Wirkung in diesem Fall nicht nur eine Verbesserung des eigenen Wohlbefindens, sondern heilt auch, weil man wieder in die „korrekte" Position zurück geht, da es halt nicht mehr so stark schmerzt dies zu tun.

Auch die Regeneration von erschöpften Muskeln kann durch DMSO unterstützt werden. Denn DMSO sorgt auch dafür, dass die Durchblutung verstärkt wird. Wenn man DMSO also an Stellen anwendet, wo sich erschöpfte Muskeln befinden, können sich diese schneller regenerieren. Somit handelt es sich auch hierbei um eine Möglichkeit für die Anwendung von DMSO, welche gerade im Sport häufiger mal genutzt wird. Auch Verletzungen, gerade Blutergüsse, heilen schneller, wenn man sie mit DMSO behandelt. Zugleich werden auch Entzündungen durch die Anwendung von DMSO gehemmt. Auch in dieser Hinsicht kann DMSO bei Verletzungen helfen. Denn bei sehr vielen Verletzungen kommt es zu einer Schwellung der Haut oder zu anderen Reaktionen, welche eine Form der Entzündung darstellen. Die Anwendung von DMSO sorgt also gerade bei Verletzungen in mehreren Formen für eine positive Entwicklung. Auch die Krankheit Arthritis lässt sich mit DMSO behandeln. Arthritis ist eine Entzündung der Gelenke, welche für betroffene Personen sehr unangenehm ist. Bei chronisch an dieser Krankheit leidenden Menschen spricht man auch von Rheuma Patienten. Sie können häufig ihren Alltag kaum mehr bewältigen oder müssen stationär in Kliniken betreut werden, weil ihre Schmerzen gerade bei der Bewegung der betroffenen Gelenke sehr stark sind. Hier kann DMSO mit gleich zwei seiner Wirkungen helfen. Zum einen wirkt DMSO als Schmerzstiller. Die Schmerzen, welche durch die Entzündungen hervorgerufen werden, werden also durch die Verwendung von DMSO verringert. Hinzu kommt hierbei natürlich auch noch, dass die Bewegungsfähigkeit durch die fehlenden Schmerzen wiederhergestellt wird. Aber DMSO wirkt auch gegen Entzündungen. Und da es sich bei Arthritis ja um eine Entzündung der Gelenke handelt, kann die Arthritis durch die Anwendung von DMSO verringert oder sogar geheilt werden. Eine zweifache positive Wirkung ist also bei Arthritis vorhanden, was DMSO für Arthritis Patienten zu einem besonders interessanten Medikament macht.

Ähnlich wie bei einer Arthritis sind auch bei einer Arthrose die Gelenke betroffen. Nicht umsonst ähneln sich die Namen dieser beiden Krankheiten in einem großen Maße. Bei der Arthrose handelt es sich aber nicht um die chronische Entzündung eines Gelenkes. Es geht bei dieser vielmehr um die chronische Abnutzung eines Gelenks. Entstehen kann diese aus vielen Gründen, beispielsweise durch eine Sportverletzung, zu viel Sport oder auch zu wenig Sport. Alle Extreme sind meiner Meinung nach immer in gewissem Maße schädlich für den Körper. Auf jeden Fall ist es so, dass bei einer Arthrose auch der Knorpel der Knochen stark angegriffen ist und in vielen Fällen kaum noch existiert. Gerade wenn dieses Endstadium der Krankheit, in dem nur noch sehr wenig Knorpel existiert, eingetreten ist, wird es wirklich unangenehm für die betroffenen. DMSO kann hier zwar bei keiner Entzündung helfen, dafür aber bei der Linderung der Schmerzen. Wenn man DMSO von außen auf die betroffenen Stellen reibt, kann man schnell positive Wirkungen hinsichtlich geringerer Schmerzen feststellen. Und dies erhöht die Lebensqualität von Rheumapatienten ungemein, denn Schmerzen sind ansonsten das, was in vielen Fällen ihren Alltag in großen Teilen gestaltet. Auch bei Beschwerden an der Prostata, welche nur Männer haben können, da nur sie dieses Organ überhaupt besitzen, kann DMSO ebenfalls helfen. Bei einer Prostatitis, auch als Prostataentzündung bekannt, kommt es zu recht starken Schmerzen. Beispielsweise wird das Wasserlassen zu einer sehr schmerzhaften und unangenehmen Angelegenheit. Nun ist es so, dass es verschiedene Arten der Prostataentzündung gibt. Nicht bei allen Beschwerden an der Prostata handelt es sich um eine richtige Entzündung, sondern manchmal auch um eine reine Infektion mit Bakterien. In diesem Fall kann DMSO nur durch seine schmerzstillende Wirkung helfen. Wenn man es allerdings mit einer durch eine Entzündung hervorgerufenen Prostatitis zu tun hat, dann ist es tatsächlich so, dass DMSO auch bei der Heilung einen ganz konkreten Nutzen aufweist.

Denn bekanntermaßen ist es so, dass DMSO eine entzündungshemmende Wirkung besitzt. Erkennen kann man hier schon: Bereits durch diese zwei Wirkungen von DMSO, der schmerzstillenden und der entzündungshemmenden, kann man schon eine ganze Reihe an unterschiedlichen Erkrankungen behandeln.

Auch Menschen mit sogenannten Druckgeschwüren können durch die Verwendung von DMSO eine positive Wirkung erwarten. Auch hierzu gibt es passende Erfahrungen von Menschen. In diesem Fall die Geschichte eines Mannes, welcher aufgrund von körperlichen Beschwerden eine ganze Zeit lang kaum aus dem Bett herauskommen konnte. Es lag also bereits eine starke Erkrankung vor. Durch das ständige Liegen entstanden dann die Druckgeschwüre. Diese kommen nämlich dann zustande, wenn man über eine sehr lange Zeit hinweg ständigen Druck auf einer Hautstelle hat. Diese bereiteten dem Mann Schmerzen, außerdem wusste er natürlich auch, dass es durch die Wunden zu weiteren Problemen kommen kann. So bieten sich diese Wunden auch als Einfallstor für Krankheitserreger in den Körper an, welche sonst auf der Haut geblieben wären und nie in den Körper hätten eindringen können.

Diese Krankheitserreger können dann für schwerwiegende Folgen sorgen. Viele der Erkenntnisse über DMSO, welche wir besitzen, stammen von Menschen, welche bestimmte Leiden nicht mehr wegbekommen haben und einfach anfingen mit DMSO zu experimentieren. Dies sollte man nicht nachmachen, da es natürlich auch negative Folgen haben kann, dies zu tun. Aber im Falle dieses Mannes konnte er durch die regelmäßige Verwendung von DMSO auf der betroffenen Stelle innerhalb von wenigen Tagen eine deutliche Verbesserung spüren. Die Wunden schmerzen nicht mehr und heilten nach einiger Zeit auch ab.

Sehnenentzündungen sind Entzündungen, welche dadurch entstehen, dass man eine zu starke einseitige Belastung hat. Dies kann bei verschiedenen Tätigkeiten der Fall sein, beispielsweise bei handwerklichen. Aber eben auch beim Sport und dann gerade beim Tennis. Hier kenne ich sogar aus meinem praktischen Umfeld einen Menschen, der regelmäßig DMSO gegen den Tennisarm einsetzt. Sowohl bei Vorhand- auch als auch bei Rückhandschlägen nutzt er nur den rechten Arm. Andere Menschen, welche die Rückhand mit beiden Armen spielen, haben hier weniger schnell Beschwerden. Wenn Sie unter einem Tennisarm leiden, aber weiterhin Tennis spielen wollen, können Sie deshalb mal ausprobieren, die Rückhand mit beiden Händen zu spielen und diese auch öfter zu verwenden. Nun ist es bei ihm so, dass er relativ häufige und wiederkehrende Probleme mit dem Tennisarm hat. Er benutzt hierfür recht regelmäßig DMSO. Er profitiert hierbei nicht nur an der Tatsache, dass die Entzündung durch DMSO bekämpft wird.

Auch die schmerzstillende Wirkung und die positive Wirkung auf die Muskulatur helfen ihm als Sportler und mit seinem Tennisarm sehr. Außerdem profitiert er davon, dass es bei richtiger Anwendung normalerweise überhaupt keine Nebenwirkungen gibt. Andere Medikamente hätten bei regelmäßiger Verwendung eventuell auch negative Folgen, manchmal sogar sehr negative. DMSO wiederum ist bei richtiger Anwendung vollkommen bedenkenlos auch regelmäßig verwendbar.

Ein Bereich, in dem DMSO ebenfalls sehr häufig seine Anwendung findet, ist der Kampfsport. Beim Kampfsport geht es zumeist ziemlich zur Sache, Prellungen, Stauchungen und andere leichtere Verletzungen sind hier quasi an der Tagesordnung. Da DMSO bei der Wundheilung enorm positive Wirkungen hat, wird DMSO in diesem Bereich sehr gerne angewendet. Häufig befindet sich eine DMSO Lösung direkt vor Ort, und sobald sich einer der Sportler verletzt hat, wird er auch schon mit DMSO behandelt. Die schmerzstillende Wirkung ist hier natürlich ebenfalls positiv. Auch wenn Sie keinen Kampfsport betreiben, können Sie auch diese Wirkung des DMSO natürlich nutzen. Beispielsweise, wenn Sie irgendwie gestürzt sind oder sich an etwas stärker gestoßen haben. Bei all diesen Wirkungen sollten Sie aber noch eine Sache nicht vergessen: Hierbei handelt es sich nur um die Auswirkungen, welche eine Anwendung von DMSO ohne die Verwendung von anderen medizinischen Mitteln hat. Tatsächlich kann DMSO aber durch seine schleppende und lösende Wirkung noch bei sehr vielen anderen Krankheiten eingesetzt werden, und zwar praktisch bei allem.

Denn für fast jede Erkrankung gibt es irgendein Medikament, welches durch eine Einnahme von DMSO besser wirkt. Wie schon gesagt, muss man hier aber immer vorsichtig sein, da die verstärkte Wirkung auch eine schlechte Auswirkung haben kann. Ein Beispiel: Wenn man gegen zu hohen Blutdruck ein Medikament nimmt und dazu noch DMSO, um die Wirkung dieses Medikamentes zu verstärken, dann kann es schnell passieren, dass der Blutdruck viel zu niedrig statt zu hoch wird. Dementsprechend hätte hier die verstärkte Wirkung eher ein schlechtes Ergebnis hervorgebracht.

Nebenwirkungen von DMSO

Wie auch bei allen anderen Medikamenten hat auch DMSO Nebenwirkungen. Diese habe ich in anderen Kontexten im Buch schon genannt, sodass es sich in diesem Kapitel zum Teil auch um Wiederholungen handeln wird. Dennoch ist es mir wichtig, dass Sie die Nebenwirkungen auch noch einmal in einem eigenen Kapitel deutlich aufgezeigt bekommen. Grundsätzlich ist es aber erst einmal so, dass DMSO im Vergleich zu vielen anderen, auch frei verkäuflichen, Medikamenten nur geringe Nebenwirkungen hat. Während Aspirin sogar gefährliche Magen-Darm Blutungen auslösen kann, gibt es bei der Einnahme von DMSO im Normalfall keine schlechten Auswirkungen. Auch größere Mengen an verwendetem DMSO hat normalerweise keine schlechten Nebenwirkungen. Beim Beispiel mit dem Tennisspieler oder den Kraftsportlern ist es so, dass das DMSO hier sehr regelmäßig angewendet wird. Nebenwirkungen gibt es trotzdem keine.

Aber auch die positiven Wirkungen des DMSO können für Probleme sorgen. So ist es zwar gewünscht, dass DMSO eine schleppende Wirkung hat und gerade diese Wirkung des DMSO wird sehr häufig genutzt.

Auch in der „normalen" Medizin. Dennoch bleibt es aber dabei, dass DMSO allen Stoffen auf der Haut einen Eingang in den Körper bieten kann. Es können also auch schädliche Stoffe durch das DMSO in den Körper gelangen. Und hier ist ihre schädliche Wirkung dann häufig auch noch verstärkt, da es sich bei DMSO ja auch um einen fett- und wasserlöslichen Stoff handelt. Aus diesem Grund ist es auch wichtig, dass Sie bei der Anwendung von DMSO vorsichtig sind und immer sauber arbeiten. Die Reinigung der Haut vor der Anwendung von DMSO ist notwendig. Näher möchte ich auf das Thema saubere Anwendung von DMSO jetzt aber nicht mehr eingehen, da auf dieses Kapitel ein Kapitel folgen wird, in dem ich Ihnen erkläre, wie Sie DMSO genau anwenden sollten. Dementsprechend würde ich mit genaueren Angaben nur dem nächsten Kapitel vorweggreifen.

Ein weiterer negativer Aspekt ist einer, den ich schon im letzten Kapitel genannt habe, als es um eine positive Eigenschaft von DMSO ging. Es ging darum, dass DMSO die Wirkung von Medikamenten verstärkt.

Da jedoch praktisch alle Medikamente in einer höheren Dosis schädlich sind, kann die verstärkte Wirkung auch schlechte Auswirkungen haben und mehr schaden als nützen. Dies gilt aber im Normalfall nicht für Nebenwirkungen, ganz im Gegenteil, durch die verstärkende Wirkung kann ja häufig die Menge an Medizin verringert werden, um keine so starken Nebenwirkungen zu haben. Auch abgesehen von dieser Tatsache kann es auch ganz allgemein zu unerwünschten Wechselwirkungen kommen, so wie es auch bei anderen Medikamenten der Fall ist. Dementsprechend sollte man bei der gleichzeitigen Einnahme von anderen Medikamenten vorsichtig sein, und erst einmal seinen Arzt fragen, ob es zu einer Wechselwirkung kommen kann. Wobei man hier dann auch einen Arzt haben muss, der dem Thema DMSO nicht gleich negativ gegenübersteht und einem, auch wenn es keine Wechselwirkungen gibt, sagt, dass man DMSO bei der Anwendung des Medikamentes nicht verwenden darf.

Die eventuellen Wechselwirkungen von DMSO mit anderen Medikamenten sind auch der Grund, wieso ich in diesem Buch das Thema DMSO bei Krebs nur sehr kurz erwähnt habe. Auf Websites, welche das Thema DMSO erwähnen, und auch bei anderen Büchern zum Thema DMSO, wird dieses Thema in einem wesentlich größeren Maßstab besprochen. Aber leider ist es so, dass viele Medikamente, welche bei einer Krebserkrankung eingesetzt werden, negativ mit dem DMSO reagieren. Ihre Wirkung wird beispielsweise zum Teil nicht verstärkt, sondern ganz im Gegenteil abgeschwächt. Außerdem handelt es sich bei einer Krebsbehandlung immer um eine sehr gefährliche Behandlung. Gerade bei einer Chemotherapie ist eine sehr genaue Dosierung der Medikamente notwendig, da diese auch sehr starke Nebenwirkungen haben und dem Körper schaden. Aufgrund der Gefährlichkeit der Erkrankung ist es dennoch notwendig, auf diese recht drastischen Mittel zu setzen. Aber eine verstärkende Wirkung durch DMSO kann bei diesen Medikamenten sehr gefährliche Folgen haben.

Also sehen Sie von einer Anwendung von DMSO bei einer Krebserkrankung erst einmal ab. Bei vielen Menschen ist DMSO bei Krebs eher eine Verzweiflungstat, weil man nicht mehr weiß, was man machen soll und durch die Krankheit stark verunsichert ist. Es stimmt halt auch, dass DMSO bei Krebs helfen kann. Aber da die Pharmaindustrie auch nur sehr wenig in die Erforschung der Wirkungen von DMSO investiert, da sich diese aus finanziellen Gesichtspunkten überhaupt nicht lohnt, gibt es noch keine Therapie, die in Kombination mit DMSO bei Krebs angewendet wird. Sicher, es gibt Forscher, welche die Kombination von bestimmten anderen Medikamenten zusammen mit DMSO bei Krebs für sinnvoll erachten und diese Idee auch niedergeschrieben haben. Aber es handelt sich halt auch nur um eine Idee, welche noch wesentlich genauer erprobt und getestet werden müsste. Deshalb an dieser Stelle meine Warnung: Sicher ist DMSO ein Mittel, welches bei sehr vielen Krankheiten helfen kann. Aber eine Krebstherapie ist eine sehr komplizierte Angelegenheit, bei der man nicht einfach so ohne Wissen des behandelnden Arztes ein zusätzliches Medikament nehmen kann.

Hiermit erhöht man seine Chancen auf eine Heilung nicht, sondern verschlechtert diese nur.

Neben den genannten Nebenwirkungen von DMSO, welche wirklich gefährlich sein können, gibt es auch noch andere, ungefährliche Nebenwirkungen von DMSO. Diese sind höchstens etwas unangenehm, aber nicht gefährlich. So besitzt DMSO eine gefäßerweiternde und die durchblutungssteigernde Wirkung. So kommt es an den Stellen, wo DMSO auf die Haut aufgetragen wurde, häufig zu Rötungen. Diese sind aber vollkommen unbedenklich. Aber auch ein Kribbeln oder ein unangenehmes Gefühl können an den Stellen, wo das DMSO angewendet wurde, auftreten. Hierfür gibt es dann wieder andere Gründe. DMSO löst Fett sehr gut und lässt zugleich Stoffe in die Haut eindringen. Dementsprechend gelangt auch das Fett, welches die natürliche Schutzschicht der Haut darstellt, in den Körper. Wenn Sie nun über eine sehr empfindliche Haut verfügen, kann dieses fehlende Fett schon dazu führen, dass dieses Kribbeln oder das unangenehme Gefühl entstehen. Aber letztendlich ist dies auch nichts wirklich Schlimmes. Die meisten Seifen machen genau das Gleiche mit der Fettschicht, welches sich auf der Haut der Hände befindet.

Eine fettlösende Wirkung ist ja gerade beim Spülen auch eine gewünschte Wirkung der Seife. Wenn Sie mit Seife keine großen Probleme haben, dann werden Sie dies auch mit DMSO nicht haben. Schwindel, Kopfdruck und Müdigkeit sind ebenfalls unangenehme Nebenwirkungen, die bei der Anwendung von DMSO aufkommen können. Sie sind jedoch nicht wirklich häufig. Außerdem sind sie zumeist nur etwas lästig, wirklich schaden tun sie nicht. Und schlimm sind sie auch nicht wirklich, halt nur etwas unangenehm.

Die wohl bekannteste Nebenwirkung von DMSO ist der unangenehme Geruch aus dem Mund, welche nach der Anwendung etwa zwei Tage lang anhält. Dieser ist abhängig von der Dosis und kann somit sehr gering ausfallen, sodass er praktisch nicht bemerkbar ist, er kann aber auch sehr stark sein. Man selbst merkt diesen Geruch übrigens nicht, die Mitmenschen sind diejenigen, welche ihn mitbekommen. Er ist in etwa mit dem Geruch zu vergleichen, den man nach dem Essen von Knoblauch verströmt. Auch diese Nebenwirkung ist nicht schlimm, sondern nur etwas unangenehm, wenn auch nicht für einen selber, sondern eher für die Mitmenschen. Entstehen tut der unangenehme Geruch übrigens durch die Stoffe, in die DMSO nach der Anwendung im Körper umgewandelt wird. Diese sind nicht gefährlich, sondern bieten zum Teil sogar eine heilende Wirkung. Zusammengefasst kann man zu den Nebenwirkungen von DMSO sagen, dass DMSO bei der korrekten Anwendung keine großen Nebenwirkungen hat. Zu beachten ist nur, dass man sauber arbeitet und DMSO nicht dann anwendet, wenn es zu einer negativen Wechselwirkung mit anderen Medikamenten kommen kann. Wenn man sich nicht ganz sicher ist, kann man seinen Arzt fragen oder auch einfach sehr niedrige Dosierungen von DMSO ausprobieren und schauen, ob es negative Auswirkungen gibt. Problematisch hierbei ist, dass man diese nicht immer selbst merkt. Hinsichtlich der Reinheit ist noch zu beachten, dass man auch das Richtige DMSO kaufen muss. Es sollte sich um ein sehr reines DMSO handeln, welches nur sehr geringe Mengen an anderen Stoffen enthalten darf, welche dem Körper nicht schaden. Reines DMSO kann man über das Internet bestellen oder auch in einer Apotheke kaufen. Man erkannt reines DMSO daran, dass es die europäischen Anforderungen für die medizinische Reinheit erfüllt.

Wie Sie DMSO richtig anwenden

Wie bei jedem anderen Medikament auch, ist es wichtig, dass man DMSO richtig anwendet. Nur wenn man bei der Anwendung alles richtig macht, kann man auch mit der perfekten Wirkung rechnen. Dies betrifft Dinge wie die richtige Dosierung und die Frage, wie man das DMSO anwendet. In den meisten Fällen wird DMSO auf die Haut aufgetragen, da es sehr gut in die Haut gelangt. Anders als andere Medikamente, welche oral durch den Mund in den Körper gelangen und auf der Haut aufgetragen praktisch keine Wirkung hätten, ist es bei DMSO genau andersrum. Denn jedes Medikament verliert einen Teil seiner Wirkung durch den Verdauungsprozess. Dies ist auch der Grund, weshalb viele Medikamente gespritzt werden, obwohl viele Menschen Angst vor Spritzen haben und dementsprechend die orale Einnahme bevorzugen würden. Da DMSO so leicht durch die Haut eindringen kann, ist die Wirkung von DMSO stärker, wenn man es auf der Haut aufträgt. Pauschal gilt bei der Anwendung von DMSO, dass man es verdünnen muss, um es anwenden zu können. Wie stark man es verdünnt, ist je nach Anwendung unterschiedlich.

Klar ist aber in jedem Fall, dass die Einnahme von purem DMSO schädlich wäre.

Bei der Anwendung von DMSO kann man dieses entweder mit Leitungswasser oder mit destilliertem Wasser verdünnen. Destilliertes Wasser ist hier sicherer, da es garantiert keine Stoffe enthält, welche beim Eindringen in den Körper Schaden verursachen könnten. Wenn man DMSO mit Wasser vermischt muss man natürlich aufpassen, da die Lösung auf keinen Fall verunreinigt werden sollte. Aus diesem Grund darf man auch keine Gefäße aus Kunststoff zum Mischen verwenden. Aus diesen können sich schnell Stoffe lösen, welche nicht in den Körper gelangen sollten. Dies ist aber kein Problem, denn man kann stattdessen einfach Gefäße aus Glas- oder Keramik verwenden. Diese sollten sich in einem normalen Haushalt relativ leicht auftreiben lassen, nicht schwerer als dies bei Kunststoff bzw. Plastik der Fall wäre.

DMSO wird übrigens auch nicht immer mit Wasser vermischt. Auch wenn viele Menschen nur daraufsetzen, es mit Wasser zu vermischen, können auch andere Lösungen sinnvoll sein. Die mit Wasser funktioniert allerdings immer.

Bei Entzündungen wie Arthritis ist es am sinnvollsten, wenn man das DMSO mit einer Magnesiumchlorid Lösung vermischt. Der Anteil an DMSO in dieser Lösung sollte 40 % betragen. Dann trägt man das DMSO, beispielsweise mit einem Pinsel, auf die jeweilige Stelle, an der sich die Entzündung befindet, auf dem Körper auf. Diese Stelle muss vorher natürlich gereinigt werden. Etwa zwanzig Minuten lang, maximal eine halbe Stunde, lässt man das DMSO dann an der betreffenden Stelle einwirken. Wie schon erwähnt, wird hierbei auch die Schutzschicht aus Fett an der jeweiligen Stelle mit in den Körper transportiert. Deshalb ist die Haut direkt nach der Anwendung auch recht empfindlich. Eine Fettcreme sollte man am besten nach der Anwendung von DMSO auftragen, wobei es sich hier um eine natürliche Creme ohne Zusatzstoffe handeln sollte. Auf diese Art erholt sich die beanspruchte Hautpartie sehr schnell wieder, und man merkt bereits nach kurzer Zeit nichts mehr von der Anwendung des DMSO, wenigstens was das Gefühl auf der Haut angeht.

Wenn man DMSO mit Wasser mischt, was ich in den meisten Fällen am empfehlenswertesten ist, unterscheidet man die Dosierung je nach Hautpartie.

Bei der Anwendung der Lösung auf den Beinen verwendet man eine Siebzig prozentige Lösung. Bei der Anwendung am Kopf sind es 35 %, an den Armen und dem Rumpf 50 %. Wenn das DMSO direkt auf einer Wunde aufgetragen wird, verwendet man eine 40-prozentige Lösung. Alle diese Werte sind Richtwerte, welche am ehesten eine gute Wirkung des DMSO ermöglichen. Auch wenn sich DMSO sehr gut auf der Haut verwenden lässt, kann man es natürlich auch oral durch den Mund einnehmen. Hierbei gilt allerdings eine Sache zu bedenken: Die Nebenwirkungen, welche ich eben genannt habe, wie Schwindel und Müdigkeit, treten am ehesten dann auf, wenn man das DMSO oral einnimmt. Diese Nebenwirkungen treten wiederum bei einer Anwendung auf der Haut quasi nie auf. Deshalb würde ich an Ihrer Stelle auch die Anwendung auf der Haut bevorzugen, sofern es sich um eine genau lokalisierbare Stelle handelt, welche behandelt werden soll. Bei Rheuma kann dies natürlich eher schwierig sein, wenn man quasi an allen Gliedmaßen Schmerzen verspürt. Eine orale Anwendung durch den Mund macht in diesem Fall dann mehr Sinn. Letztendlich ist sie auch weniger aufwendig als die Anwendung auf der Haut. Aber man muss sich halt immer bewusst machen, dass hier dann Nebenwirkungen auftreten können. Diese sind aber natürlich nicht schädlich, sondern nur unangenehm. Nach einiger Zeit verklingen sie wieder ohne weitere Folgen.

Insgesamt eignet sich die orale Anwendung also immer dann, wenn man keine genaue lokalisierbare Stelle hat, an der das DMSO seine Wirkung entfalten soll. Es kann aber auch einen weiteren Grund geben, wegen dem man DMSO eher nicht auf der Haut anwendet: Empfindliche Haut. Wie schon gesagt kommt das natürliche Gleichgewicht der Haut aus der Balance, vor allem weil das Fett als Schutzschicht auf der Haut durch das DMSO nach innen zieht. Wenn man nun sehr empfindlich auf das DMSO reagiert, kann es sein, dass die Anwendung auf der Haut unangenehm ist. Hier kann dann eine Anwendung über den Mund angenehmer sein. Bei dieser Anwendung, genauso wie bei anderen Anwendungen von DMSO, sollten Sie erst einmal nur eine kleine Menge der Medizin zu sich nehmen. Sie fragen sich nun vermutlich, wieso. Es geht einfach darum, dass die Verträglichkeit auf DMSO getestet wird. Der Mensch kann gegen praktisch alles allergisch sein, und so kann es auch passieren, dass Sie die Einnahme von DMSO nicht vertragen. Natürlich ist es nicht gerade wahrscheinlich, dass Probleme auftreten. Aber letztendlich ist dies noch immer möglich. Und um hier auf Nummer sicher zu gehen, sollten Sie erst einmal nur eine kleine Menge an DMSO verwenden. Sollten Sie irgendwelche stärkeren Reaktionen verspüren, waschen Sie das Mittel, wenn Sie es auf der Haut verwenden, ab, und wenden Sie es nicht noch einmal an. In diesem Fall haben Sie dann einfach Pech gehabt und man kann nichts daran ändern. Natürlich kann es aber in diesem Fall auch sein, dass die orale Anwendung anders als die Anwendung auf der Haut doch funktioniert.

Für die Menge an DMSO bei der oralen Einnahme gilt ein grober Richtwert von 0,1 Gramm pro Kilogramm Körpergewicht. Wenn Sie 80 kg schwer sind, sollten Sie am Tag 8 g DMSO zu sich ein nehmen, um einen wirklich merkbaren Effekt zu erzielen. Auch wenn Sie DMSO auf diese Art einnehmen, müssen Sie das Mittel auf jeden Fall verdünnen. Zusammen mit Wasser getrunken macht das DMSO dann aber keine Probleme mehr. Eine genaue Dosierung gebe ich an dieser Stelle nicht an, denn trinken können Sie letztendlich so viel Wasser wie Sie wollen.

Nehmen Sie das DMSO am besten einfach mit einer größeren Menge an Wasser ein, denn letztendlich trinkt so oder so fast jeder Mensch zu wenig. So hat die Einnahme des DMSO dann sogar noch einen weiteren positiven Effekt. Natürlich müssen Sie auch bei dieser Art der Einnahme von DMSO auf die Reinheit achten. Sie dürfen es auch nicht einfach, beispielsweise, zum Wasser in eine Plastikflasche geben. Glas und Keramik ist auch hier das Mittel der Wahl.

Das ist an dieser Stelle dann auch alles, was es zum Thema Anwendung von DMSO zu sagen gilt. Generell gilt immer, dass man es erst einmal mit einer kleineren Dosis versuchen sollte, und wenn diese nicht die gewünschten Ergebnisse bringen, die Dosis zu erhöhen. Es gibt durchaus noch andere Methoden, DMSO anzuwenden. Diese beziehen sich vor allem auf den Stoff, mit dem das DMSO verdünnt wird. Letztendlich gibt es hier aber keine großen Unterschiede in der Wirkung zu verspüren, und dementsprechend ist es auf jeden Fall in Ordnung, DMSO mit Wasser zu verdünnen. Wichtig ist aber, dass man nach der Anwendung von DMSO eine reine Fettcreme ohne Zusatzstoffe auf die Haut aufträgt.

Diese ist wichtig für die Haut, aber durch die noch vorhandenen Reste von DMSO könnte es bei vorhandenen Zusatzstoffen sein, dass diese ungewollt in den Körper gelangen. Hier könnten sie dann keine gute, sondern eine schlechte Wirkung zeigen. Aber gerade empfindliche Haut braucht seine Schutzschicht. Diese ist auch der Grund, weshalb empfohlen wird, sich zwar regelmäßig, aber nicht zu häufig die Hände zu waschen. Denn viele Menschen waschen ihre Hände zu oft, was dafür sorgt, dass sie aufgrund der durch die Seife zerstörten Schutzschicht krank werden.

An dieser Stelle ist das Buch nun schon an sein Ende gelangt. In diesem Buch habe ich Ihnen eine ganze Menge an Informationen rund um das Thema DMSO gegeben. Begonnen habe ich mit allgemeinen Informationen über DMSO, danach mit den genauen Wirkungen, welche eine Anwendung von DMSO zur Folge hat. Dann ging es um die Argumente, welche es von der herkömmlichen Medizin gegen DMSO gibt. Hierbei bin ich unter anderem darauf eingegangen, dass DMSO auch schädliche Stoffe in den Körper gelangen lassen kann.

Aber ich bin auch darauf eingegangen, dass die Pharmaindustrie nicht an DMSO forscht, da ein Erfolg dieses Mittels ihre Gewinne schrumpfen lassen würde. Auch bin ich auf die Nachteile der modernen Medizin eingegangen, welche beispielsweise das Problem hat, dass sie häufig nur oberflächlich behandelt und das Problem nicht an der Wurzel packt. Danach ging es um die vielfältigen Beschwerden, gegen die DMSO eine Wirkung zeigt. Diese sind wirklich vielfältig. Nicht nur das DMSO die Wirkung der meisten Medikamente verstärken kann, wobei man hier mit Wechselwirkungen vorsichtig sein muss. Es kann auch bei Entzündungen und bei Verletzungen helfen. Es lindert den Schmerz, verringert die Entzündungen und lässt Wunden schneller heilen. Bei DMSO handelt es sich tatsächlich um eine Art Wundermittel. Einzig bei der manchmal angepriesenen Wirkung von DMSO gegen Krebs muss man vorsichtig sein. Denn auch wenn diese durchaus in Kombination mit anderen Medikamenten vorhanden ist, gibt es doch auch Wechselwirkungen mit verschiedenen Medikamenten gegen Krebs, sodass DMSO hier eher schadet als hilft.

Danach bin ich auch noch auf die Nebenwirkungen von DMSO eingegangen. Diese können zum Teil unangenehm sein, sie treten aber größtenteils nur dann auf, wenn man das DMSO oral über den Mund und nicht über die Haut aufnimmt. Bei einer Anwendung auf der Haut gibt es keine Nebenwirkungen von DMSO, außer man hat eine sehr empfindliche Haut, welche nach der Anwendung von DMSO unter Umständen gereizt ist. Als Nebenwirkung kann man auch den leichten Mundgeruch ansehen, welche durch DMSO ausgelöst wird. Dieser ist allerdings auch nicht wirklich schlimm. Alle Nebenwirkungen haben aber eins gemeinsam: Sie sind nicht wirklich gefährlich. Andere Medikamente können, vor allem bei regelmäßiger Anwendung, zu einigen Problemen führen. Starke Nebenwirkungen sind auch bei gängigen Medikamenten, wie Mitteln gegen Kopfschmerzen, möglich. Gerade die blutverdünnende Wirkung kann hier zu Problemen führen. Als Letztes habe ich Ihnen dann gezeigt, wie Sie DMSO richtig anwenden. Beispielsweise, dass man DMSO nur verdünnt verwenden sollte, und das je nach Hautpartie eine unterschiedlich hohe Konzentration an DMSO in der Lösung sinnvoll ist. Außerdem habe ich noch erwähnt, dass man erst einmal kleine Mengen an DMSO ausprobieren sollte, falls es zu allergischen Reaktionen des Körpers kommt. Auch sollte man die Dosis generell erst einmal geringhalten und sie erhöhen, wenn man nicht die gewünschten Wirkungen erzielt.

Schlusswort

So, nach dieser kurzen Zusammenfassung ist das Buch auch wirklich an seinem Ende angekommen. Ich habe Ihnen in diesem Buch eine ganze Reihe an Informationen gegeben, welche meiner Meinung nach ein umfassendes Bild von DMSO und seinen Wirkungen gibt. DMSO kann bei sehr vielen Dingen helfen und ich hoffe, dass auch Sie durch die Anwendung von DMSO Linderungen Ihrer Beschwerden erfahren, um was für Beschwerden es sich auch immer handeln mag. Viel Erfolg!

Bonus: 21 Tage Erkenntnis Notizen

Tag 1

Datum: _________________

An Tag 1 bestimmen Sie Ihren Startpunkt und formulieren ein oder mehrere Ziele. Wenn es Ihnen im Laufe von DMSO einmal schwerfällt durchzuhalten, gehen Sie zurück zu diesem Tag, um sich an Ihr Ziel und daran zu erinnern, warum Sie DMSO nutzen.

In habe folgende Beschwerden: Beschreiben Sie so genau wie möglich, welche Beschwerden Sie derzeit haben (z.B.: Übergewicht, unregelmäßiger Stuhlgang, Bauchschmerzen, quälende Blähungen, ungesundes Essverhalten, Sodbrennen, usw.)

____

____

____

____

Mit DMSO möchte ich: Beschreiben Sie so genau wie möglich Ihr Ziel (z.B.: Gewicht reduzieren, weniger Blähungen, gesünder essen, Regelmäßige Verdauung, usw.)

____

____

____

Mein Ausgangsgewicht: _____________ KG

Mein Zielgewicht: _____________KG

Das unterstützt mich beim Durchhalten: Beschreiben Sie, wer oder was Ihnen helfen könnte, dranzubleiben (z.B.: ich mache es gemeinsam mit..., ich halte mir täglich mein Ziel vor Augen, ich erzähle meiner Familie/meinen Freunden von meinem Ziel, usw.)

____

____

____

____

Tag 2

Schreiben Sie zum Beispiel auf, was Ihnen leichtgefallen ist, was Ihnen gefallen hat und was Sie heute anders gemacht haben. **Das fiel mir leicht:**

____

____

____

____

Ich fühle mich: (Fokussieren Sie sich dabei auf das Positive und nutzen Sie gerne die Emojis)

____

____

____

____

☺   😐   ☹

Das habe ich heute anders gemacht:

____

____

____

____

Das habe ich heute gegessen:

Frühstück:_______________________________________

____

____

Mittag:____

____

____

Abend:____

____

____

Snacks:____

____

____

Tag 3

Schreiben Sie auf, was Ihnen leichtfiel, was Ihnen gefallen hat und was Sie heute ausprobiert haben.

Das fiel mir leicht:

____

____

____

____

Ich fühle mich: (Fokussieren Sie sich dabei auf das Positive und nutzen Sie gerne die Emojis)

____

____

____

____

☺   ☻   ☹

Das habe ich heute ausprobiert:

____

____

____

____

Das habe ich heute gegessen:

Frühstück:____

____

____

Mittag:____

____

____

Abend:____

____

____

Snacks:____

____

____

Tag 4

Schreiben Sie auf, was Ihnen leichtfiel, was Ihnen gefallen hat und was Sie heute ausprobiert haben.

Das fiel mir leicht:

____

____

____

____

Ich fühle mich: (Fokussieren Sie sich dabei auf das Positive und nutzen Sie gerne die Emojis)

____

____

____

____

☺   ☺   ☹

Das habe ich heute ausprobiert:

____

____

____

Das habe ich heute gegessen:

Frühstück:___________________________________

____

____

Mittag:______________________________________

____

____

Abend:_______________________________________

____

____

Snacks:______________________________________

____

____

Tag 5

Schreiben Sie auf, wie es Ihnen geht und was sich vielleicht schon verändert hat.

Ich fühle mich: (Fokussieren Sie sich dabei auf das Positive und nutzen Sie gerne die Emojis)

____

____

____

☺   😐   ☹

Was sich bereits verändert hat: (Beobachten Sie sich genau und beschreiben Sie z.B.: Ihren Bauch, Magen, Appetit)

____

____

____

____

Das habe ich heute gegessen:

Frühstück:_______________________________________

____

____

Mittag:_______________________________________

____

____

Abend:_______________________________________

____

____

Snacks:_______________________________________

____

____

Tag 6

Schreiben Sie auf, was Ihnen leichtfiel, was Ihnen
gefallen hat und was Sie heute ausprobiert haben.
Das fiel mir leicht:

____

____

____

____

Ich fühle mich: (Fokussieren Sie sich dabei auf das
Positive und nutzen Sie gerne die Emojis)

____

____

____

____

☺   ☐   ☹

Das habe ich heute ausprobiert:

____

____

____

____

Das habe ich heute gegessen:

Frühstück:______________________________________

____

____

Mittag:____

____

____

Abend:____

____

____

Snacks:____

____

____

Tag 7

Schreiben Sie auf, was Ihnen leichtfiel und wie Sie sich fühlen. Wenn Sie wollen, notieren Sie auch Ihr aktuelles Gewicht.

Das fiel mir leicht:

____

____

____

____

Ich fühle mich: (Fokussieren Sie sich dabei auf das Positive und nutzen Sie gerne die Emojis)

____

____

____

____

☺   ☻   ☹

Mein aktuelles Gewicht: _______________ KG

Das habe ich heute gegessen:

Frühstück:_______________________________________

____

____

Mittag:____

____

____

Abend:____

____

____

Snacks:____

____

____

Tag 8

Schreiben Sie auf, wie es Ihnen geht und was sich vielleicht schon verändert hat.

Ich fühle mich: (Fokussieren Sie sich dabei auf das Positive und nutzen Sie gerne die Emojis)

____

____

____

____

☺   😐   ☹

Was sich bereits verändert hat (Beobachten Sie sich genau und beschreiben Sie z.B.: Ihren Bauch, Magen, Appetit)

____

____

____

____

Das habe ich heute gegessen:

Frühstück:____

____

____

Mittag:____

____

____

Abend:____

____

____

Snacks:____

____

____

Tag 9

Schreiben Sie auf, was Ihnen leichtfiel, was Ihnen gefallen hat und was Sie heute ausprobiert haben.

Das fiel mir leicht:

____

____

____

____

Ich fühle mich: (Fokussieren Sie sich dabei auf das Positive und nutzen Sie gerne die Emojis)

____

____

____

____

☺   ☻   ☹

Das habe ich heute ausprobiert:

____

____

____

____

Das habe ich heute gegessen:

Frühstück:____

____

____

Mittag:____

____

____

Abend:____

____

____

Snacks:____

____

____

Tag 10

Schreiben Sie auf, was Ihnen leichtfiel, was Ihnen gefallen hat und was heute für Sie anders war,
Das fiel mir leicht:

____

____

____

____

Ich fühle mich: (Fokussieren Sie sich dabei auf das Positive und nutzen Sie gerne die Emojis)

____

____

____

____

☺   ☺   ☹

Das ist anders: (Beobachten Sie, was sich seit Beginn der Einnahme von DMSO verändert hat, insbesondere Heißhunger, Essverhalten usw.)

____

____

____

Das habe ich heute gegessen:

Frühstück:____

____

____

Mittag:____

____

____

Abend:____

____

____

Snacks:____

____

____

Tag 11

Schreiben Sie auf, was Ihnen leichtfiel, was Ihnen gefallen hat und was Sie heute ausprobiert haben.
Das fiel mir leicht:

____

____

____

Ich fühle mich: (Fokussieren Sie sich dabei auf das Positive und nutzen Sie gerne die Emojis)

____

____

____

☺   😐   ☹

Das habe ich heute ausprobiert: (z.B. eine Aktivität, ein neues Gericht)

____

____

____

Das habe ich heute gegessen:

Frühstück:_______________________________________

____

____

Mittag:____

____

____

Abend:____

____

____

Snacks:____

____

____

Tag 12

Schreiben Sie auf, wie es Ihnen geht und was sich vielleicht schon verändert hat.

Ich fühle mich: (Fokussieren Sie sich dabei auf das Positive und nutzen Sie gerne die Emojis)

———————————————————

———————————————————

———————————————————

———————————————————

☺   😐   ☹

Was sich bereits verändert hat: (Beobachten Sie sich genau und beschreiben Sie z.B.: Ihren Bauch, Magen, Appetit)

———————————————————

———————————————————

———————————————————

———————————————————

Das habe ich heute gegessen:

Frühstück:____

____

____

Mittag:____

____

____

Abend:____

____

____

Snacks:____

____

____

Tag 13

Schreiben Sie auf, wie es Ihnen geht und was sich vielleicht schon verändert hat.

Ich fühle mich: (Fokussieren Sie sich dabei auf das Positive und nutzen Sie gerne die Emojis)

____

____

____

____

☺️　　　　😐　　　　☹️

Darauf bin ich stolz: (Feiern Sie sich, Sie haben schon fast 2 Wochen durchgehalten! Worauf sind Sie besonders stolz, z.B.: tägliche Bewegung, Verzicht auf Süßigkeiten usw.)

____

____

____

____

Das habe ich heute gegessen:

Frühstück:_____________________________________

____

____

Mittag:_______________________________________

____

____

Abend:____

____

____

Snacks:_______________________________________

____

____

Tag 14

Schreiben Sie auf, was Ihnen leichtfiel und wie Sie sich fühlen. Wenn Sie wollen, notieren Sie auch Ihr aktuelles Gewicht.

Das fiel mir leicht:

____

____

____

____

Ich fühle mich: (Fokussieren Sie sich dabei auf das Positive und nutzen Sie gerne die Emojis)

____

____

____

____

☺   😐   ☹

Mein aktuelles Gewicht: _____________ KG

Das habe ich heute gegessen:

Frühstück:_______________________________________

____

____

Mittag:____

____

____

Abend:____

____

____

Snacks:____

____

____

Tag 15

Schreiben Sie auf, wie es Ihnen geht und was sich vielleicht schon verändert hat.

Ich fühle mich: (Fokussieren Sie sich dabei auf das Positive und nutzen Sie gerne die Emojis)

____

____

____

____

☺　　　😐　　　☹

Was sich bereits verändert hat (Beobachten Sie sich genau und beschreiben Sie z.B.: Ihren Bauch, Magen, Appetit)

____

____

____

____

Das habe ich heute gegessen:

Frühstück:_______________________________________

____

____

Mittag:____

____

____

Abend:____

____

____

Snacks:____

____

____

Tag 16

Schreiben Sie auf, was Ihnen leichtfiel, was Ihnen gefallen hat und was Sie heute ausprobiert haben.

Das fiel mir leicht:

____

____

____

____

Ich fühle mich: (Fokussieren Sie sich dabei auf das Positive und nutzen Sie gerne die Emojis)

____

____

____

____

☺   ☺   ☹

Das habe ich heute ausprobiert: (z.B. eine Aktivität, ein neues Gericht)

____

____

____

____

Das habe ich heute gegessen:

Frühstück:_______________________________________

____

____

Mittag:____

____

____

Abend:____

____

____

Snacks:____

____

____

Tag 17

Schreiben Sie auf, was Ihnen leichtfiel, was Ihnen gefallen hat und was Sie heute ausprobiert haben.
Das fiel mir leicht:

Ich fühle mich: (Fokussieren Sie sich dabei auf das Positive und nutzen Sie gerne die Emojis)

☺   😐   ☹

Das habe ich heute ausprobiert: (z.B. eine Aktivität, ein neues Gericht)

Das habe ich heute gegessen:

Frühstück:_______________________________________

____

____

Mittag:____

____

____

Abend:____

____

____

Snacks:____

____

____

Tag 18

Schreiben Sie auf, wie es Ihnen geht und was sich vielleicht schon verändert hat.

Ich fühle mich: (Fokussieren Sie sich dabei auf das Positive und nutzen Sie gerne die Emojis)

____

____

____

____

☺   😐   ☹

Was sich bereits verändert hat: (Beobachten Sie sich genau und beschreiben Sie z.B.: Ihren Bauch, Magen, Appetit)

____

____

____

____

Das habe ich heute gegessen:

Frühstück:_______________________________________

____

____

Mittag:____

____

____

Abend:____

____

____

Snacks:____

____

____

Tag 19

Sie haben es fast geschafft: 19 Tage Darmsanierung!
Zeit, einmal zurück zu blicken.

Das ist anders: (z.B.: Kleidung sitzt lockerer, ich habe weniger Sodbrennen, eine regelmäßigere Verdauung, fühle mich fitter oder bin besser gelaunt, usw.)

____

____

____

Ich fühle mich: (Fokussieren Sie sich dabei auf das Positive und nutzen Sie gerne die Emojis)

____

____

____

☺   😐   ☹

Das habe ich heute ausprobiert: (z.B. eine Aktivität, ein neues Gericht)

____

____

____

Das habe ich heute gegessen:

Frühstück:_______________________________________

____

____

Mittag:____

____

____

Abend:____

____

____

Snacks:____

____

____

Tag 20

Schreiben Sie auf, was Ihnen leichtfiel, was Ihnen gefallen hat und was Sie heute ausprobiert haben.
Das fiel mir leicht:

____

____

____

____

Ich fühle mich: (Fokussieren Sie sich dabei auf das Positive und nutzen Sie gerne die Emojis)

____

____

____

____

☺   😐   ☹

Das habe ich heute ausprobiert: (z.B. eine Aktivität, ein neues Gericht)

____

____

____

____

Das habe ich heute gegessen:

Frühstück:_______________________________________

____

____

Mittag:____

____

____

Abend:____

____

____

Snacks:____

____

____

Tag 21

Drei Wochen DMSO liegen nun hinter Ihnen. Sie haben bestimmt viele Veränderungen wahrgenommen. Zeit, Ihre Anstrengung und Ihr Durchhaltevermögen einmal zu loben.

Dafür lobe ich mich:

____

____

____

____

Das will ich in Zukunft beibehalten: (z.B.: tägliche Bewegung, gesunde Ernährung, darauf achten, langsamer zu essen, usw.)

____

____

____

____

Mein Ausgangsgewicht:

________________ KG

Mein aktuelles Gewicht:

________________KG

Differenz:

________________KG

Gehen Sie zurück zu Tag 1 und schauen Sie, welche
Eintragungen bei Beschwerden oder Zielen stehen.
Was haben Sie erreicht?

____

____

____

____

Wie fühlen Sie sich, wenn Sie zurück schauen auf
das, was Sie erreicht haben?

____

____

____

____

Haben Sie ein Ziel für Ihre Gesundheit? Wenn ja,
können Sie es jetzt hier notieren:

____

____

____

____

Impressum & Haftungsausschluss